AF266183

OBSERVATIONS

A L'OCCASION

DU

PROJET DE LOI DE DOTATION.

CE QUE DOIT LE TRÉSOR

AU

PRESIDENT DE LA REPUBLIQUE

ET A SA FAMILLE.

OBSERVATIONS

A L'OCCASION

DU

PROJET DE LOI DE DOTATION.

PAR F. M. PATORNI,

AVOCAT,

Ancien Consul général, chargé d'affaires de la République.

Fais ce que dois, advienne que pourra .

PARIS,

IMPRIMERIE DE E. BRIÈRE,

RUE SAINTE-ANNE, 55.

1850.

OBSERVATIONS

A L'OCCASION

DU

PROJET DE LOI DE DOTATION.

Honoré depuis 1831 de la confiance de la famille Bonaparte, j'ai dû longuement étudier ses réclamations vis-à-vis du trésor français.

Portées pour la plupart devant les tribunaux ordinaires, ces réclamations ont été renvoyées, à la suite de conflits, devant le conseil d'Etat, et onze décisions sont intervenues qui ont déclaré qu'au gouvernement seul il appartenait de statuer.

Depuis que le prince Louis-Napoléon Bonaparte a été proclamé président de la République, je lui ai demandé deux fois s'il voulait bien m'autoriser à soumettre à ses ministres les dossiers dont j'étais en possession, pour qu'ils eussent, après examen, à faire une proposition à l'Assemblée.

Il ne l'a point voulu.

J'ai compris le sentiment de délicatesse qui détermina son refus ; et cependant, si l'abnégation lui était permise pour lui-même, il aurait dû songer que ses intérêts personnels étaient liés à ceux des autres membres de sa famille, qui, eux, avaient le droit, comme ils l'ont toujours, de demander justice ainsi que les plus obscurs citoyens de la République.

C'est en présence de ce désintéressement presque fabuleux que je vois accueillir avec dédain, ironie, et même avec colère, le projet de loi tendant à allouer au chef de l'Etat, à titre de frais de représentation, une somme de 3 millions par an.

Trois millions par an pour représenter la France au-dedans et au-dehors ; trois millions par an pour faire ce que Louis XVIII et Charles X ne pouvaient point faire avec trente millions ; ce que Louis-Philippe ne pouvait pas faire avec vingt-trois millions (principal et accessoires), est-ce donc trop pour une grande nation comme la France ?

Les commissaires nommés dans les bureaux ont une signification hostile qu'il est impossible de méconnaître.

Si certaines nominations signifient *allocation*, d'autres, et en plus grand nombre, disent *refus* ou *transaction*.

Refus : C'est une honte.

Transaction : C'est une humiliation.

— Payons les dettes du président, disent les transactionnaires, et que les choses restent après comme elles étaient avant. —

Mais s'il existe des dettes, ce que je n'ai pas à rechercher, pourquoi ont-elles été contractées ? Pour dignement représenter le pays, pour protéger les arts, les sciences, les lettres, pour venir en aide à toutes les infortunes. — Ignore-t-on que l'un des premiers actes de Louis Napoléon consista à souscrire jusqu'à concurrence de 50,000 francs pour la construction des cités ouvrières ? Payer les dettes passées, ne serait-ce point prendre l'engagement de payer celles à venir ?

La générosité du président de la République est notoire : si la fortune personnelle de ses auteurs n'avait pas été mise au pillage en 1844, 1845 et 1846, il l'aurait employée, comme il l'a fait des débris dont il a hérité, au profit et dans l'intérêt de la France.

A ceux donc qui disent : « Payons ses dettes, » je répondrai : Commencez par payer celles dont votre parti s'est rendu passible par suite des spoliations d'une époque dont les témoins sont encore pleins de vie et de mémoire. Payez vos dettes avant de songer à payer celles d'autrui : *Nemo liberalis nisi liberatus*, dit la loi romaine. Quand vous vous serez acquittés vous pourrez songer à être généreux.

En présence de ce qui se passe, je prends sur moi, sans consulter ni M. le président de la République ni aucun des membres de sa famille, de publier cet écrit : il faut que la France sache la vérité tout entière. Des sommes considérables sont dues au chef de l'État et à ses proches. En ne les réclamant pas jusqu'ici, ils n'ont pas imité les Bourbons de la branche aînée, qui, lors de leur double retour, firent voter trente millions pour solder les dettes qu'ils avaient contractées à l'étranger, et payer ainsi leurs frais de conspiration et d'agression contre la France. Ils n'ont pas imité non plus Louis-Philippe, qui se fit rendre toutes ses propriétés non-vendues et qui puisa dans le milliard, voté au profit des émigrés, des indemnités colossales,

Les réclamations des Bonaparte sont tellement légitimes, que, sous le ministère de M. Casimir Périer, il avait été résolu de présenter aux Chambres un projet de loi tendant à obtenir, dans un but de transaction, un crédit de 12 à 15 millions, projet qui avorta en présence des événemens de Forli. Elles sont tellement légitimes, qu'en 1837, une pension annuelle et viagère de 100 mille francs fut accordée à la sœur de Napoléon, l'ancienne reine de Naples, qui avait à revendiquer, entr'autres choses, le palais de Neuilly, acheté de ses deniers lorsqu'elle était grande duchesse de Berg. Elles sont tellement légitimes, que, peu de mois avant la révolution de février, le ministère Guizot avait décidé de demander aux Chambres 150,000 fr. par an au profit du roi Jérôme, le seul des frères existans de l'Empereur.

Et l'Assemblée législative oserait refuser à l'elu de la nation, à celui qui, créancier du trésor, ne réclame pas ce qui lui est dû, ce qui lui est toutefois strictement nécessaire pour ne pas voir rougir la France devant les autres nations et devant elle-même?

Que le pays apprenne donc la vérité.

Ce que je vais porter à sa connaissance est extrait de mes précédentes publications. Quand il le faudra, je livrerai à l'impression mes volumineux travaux sur toutes les affaires dont j'ai été chargé. Leur examen sera l'œuvre, en temps et lieu, des mandataires du peuple. Pour le moment, ce qu'il est nécessaire que le peuple sache, c'est qu'il est dû et comment il est dû. La vertu dominante de notre pays a toujours été la justice, et la justice est fille de la vérité.

§ I.

CE QUI EST DU A LA FAMILLE DE L'EMPEREUR ET SPÉCIA-
LEMENT AU PRÉSIDENT DE LA RÉPUBLIQUE, EN VERTU DU
TRAITÉ DE FONTAINEBLEAU.

C'est un chiffre considérable, et cependant ce chiffre est aussi indiscutable que la lumière du jour. Deux et deux font quatre dans tous les pays du monde. Quand j'aurai rapporté le texte du traité ci-dessus et quand on y verra ce qu'il contient, les calculateurs addition-neront ; c'est un soin que je leur laisse volontiers, me bornant, pour le moment, à faire la simple addition de ce qui est privativement dû au président de la Répu-blique, afin que l'on puisse mettre en regard ses droits réels avec la demande de son ministère et la lésinerie de la majorité de la commission.

J'entre en matière.

Le 11 avril 1814, Napoléon consentit à abdiquer. Il aurait pu résister encore : il ne voulut point de guerre civile : il descendit du trône ; mais son abdication fut précédée d'un traité : ce traité, rapporté dans le recueil diplomatique de Martens, l'est également dans la col-lection des lois de M. Isambert.

Tout le monde sait que c'est en vertu de ce traité, dit de Fontainebleau, que Napoléon est allé à l'île d'Elbe : mais on ignore en général ses dispositions, et l'on est presque universellement convaincu que c'est Napoléon qui, en revenant en France, a violé la convention passée avec les puissances.

Rien n'est plus contraire à la vérité historique que cette croyance presque universelle, qui n'est au reste que le résultat des mensonges répandus, dans le temps, par les folliculaires des puissances alliées et des Bourbons.

Le traité de Fontainebleau a été respecté par Napoléon dans toutes ses parties ; il a été violé contre Napoléon, et par les souverains alliés et par Louis XVIII : Je vais faire cette démonstration de la manière la plus lumineuse.

Par le traité de Fontainebleau, Napoléon renonce à l'Empire français (art. 1) : il renonce aux propriétés par lui possédées, soit comme domaine extraordinaire, soit comme domaine privé (art. 9) : il renonce également ment aux diamans de la Couronne achetés de ses deniers particuliers (art. 10).

Toutes ces renonciations furent-elles sans compensation ? Non.

Ainsi, Napoléon renonçait au plus beau trône du monde : mais en compensation (triste compensation !) les puissances lui garantissaient, sa vie durant, la souveraineté de l'île d'Elbe.

Il renonçait aux 700 millions de son domaine extraordinaire, aux 200 millions de son domaine privé, aux 50 millions de diamans de la couronne, achetés de ses deniers particuliers :

En échange on garantissait à Napoléon :

1° Un revenu annuel de deux millions de francs en rentes sur le grand-livre de France (art. 3) (1).

2° Le paiement de toutes sommes et effets lui provenant de sa liste civile (il lui était dû 6,250,000 fr.).

(1) (Art. 3.) « L'île d'Elbe adoptée par S. M. l'Empereur Napoléon, pour le lieu de son séjour, formera, sa vie durant, une principauté séparée, qui sera possédée par lui en toute souveraineté et propriété.

» Il sera, en outre, donné, en toute propriété, à l'Empereur Napoléon un revenu annuel de DEUX MILLIONS, dont un réversible à l'Impératrice. »

3° La distribution aux braves par lui désignés dans un état signé de sa main, d'une somme de deux millions (art. 9).

4° Enfin l'inscription au grand-livre de la dette publique d'une somme de 2,500,000 fr. par an pour les divers membres de la famille impériale, outre la garantie de leurs biens meubles et immeubles, tant en France qu'en Italie (art. 6) (1).

Comment ce traité a-t-il été exécuté?

Napoléon s'est rendu à l'île d'Elbe; Louis XVIII a pris possession du trône, du domaine extraordinaire et du domaine privé. Ainsi, de la part de l'Empereur, exécution pleine et entière.

De la part des puissances et du nouveau gouvernement français, violation complète et absolue de toutes les dispositions du traité. Les 2 millions pour Napoléon, les 2,500,000 fr. pour sa famille ne furent pas inscrits au grand-livre et il n'en fut jamais payé une seule obole. De plus, on confisqua scandaleusement les propriétés privées des Bonaparte.

______

(1) (Art. 6.) « Il sera réservé dans les pays auxquels l'Empereur Napoléon renonce, pour lui et sa famille, des domaines ou *donné des rentes sur le grand-livre de France*, produisant un revenu annuel net, et déduction faite de toutes charges, de DEUX MILLIONS CINQ CENT MILLE FRANCS. Ces domaines ou rentes *appartiendront en toute propriété* et pour en disposer *comme bon leur semblera*, aux princes de sa famille, et seront répartis de manière à ce que le revenu de chacun soit dans la proportion suivante, savoir : A Madame-Mère 300,000 fr., au roi Joseph et à la Reine 500,000 fr., *au roi Louis* 200,000 fr., *à la reine Hortense et à ses enfans* 400,000 fr., au roi Jérôme et à la reine 500,000 fr., à la princesse Elisa 300,000 fr., à la princesse Pauline 300,000 fr.

» Les princes et princesses de la famille de l'Empereur Napoléon conserveront en outre tous les biens, meubles et immeubles, de quelque nature que ce soit, qu'ils possèdent à titre particulier, et notamment les rentes dont ils jouissent, également comme particuliers, sur le grand-livre de France ou le Monte-Napoleone de Milan. »

La liste civile de Louis XVIII s'appropria également les 6,250,000 fr. d'arrérages de la liste civile de l'Empereur.

Elle eut la bassesse de garder les 2 millions destinés aux braves compagnons d'armes du Héros.

Enfin, le voisinage de l'île d'Elbe empêchant les Bourbons de dormir, le congrès de Vienne décida, sur leurs instances, que Napoléon serait enlevé et conduit violemment aux extrémités du monde.

Il faut entendre Napoléon lui-même jeter à la face des puissances et du gouvernement des Bourbons le reproche sanglant de la violation du traité de Fontainebleau à son égard.

Ouvrez le *Moniteur* du 13 avril 1815. Là se trouve la déclaration des plénipotentiaires réunis à Vienne, au nombre desquels on voit figurer, pour Louis XVIII, Talleyrand, le duc d'Alberg, Latour-Dupin et le comte Alexis de Noailles. Cette déclaration porte, « qu'en
» rompant la convention qui l'avait établi à l'île d'Elbe,
» Bonaparte a détruit le seul titre légal auquel son
» existence se trouvait attachée. Les puissances décla-
» rent, en conséquence, que Napoléon s'est placé hors
» des relations civiles et sociales, et que, comme enne-
» mi et perturbateur du repos du monde, il s'est livré
» à la vindicte publique. »

C'était une provocation à l'assassinat.

Déjà Louis XVIII, par une ordonnance du 9 mars, insérée au *Moniteur*, avait mis Napoléon hors la loi et ordonnait à tous Français de lui courir sus.

A quoi Napoléon répond :

« A la violence, à l'emportement, à l'oubli des prin-
» cipes qui caractérisent la déclaration du 13 mars, on
» reconnaît les envoyés du même prince, les organes

» des mêmes conseils qui, par l'ordonnance du 9 mars,
» mettaient aussi Napoléon hors la loi, appelaient aussi
» sur lui les poignards des assassins , promettaient
» aussi un salaire à qui apporterait sa tête. »

Après avoir discuté la déclaration du congrès sous le
point de vue politique, Napoléon aborde un autre or-
dre d'idées.

Il démontre que le traité a été violé en ce qui touche
sa sûreté personnelle, puisqu'il a failli être assassiné à
Orgon ; en ce qui touche Marie-Louise, que l'on a violemment séparée du roi de Rome et à laquelle on n'a ac-
cordé que le duché de Parme, alors que les puissances
lui avaient promis la souveraineté de Parme, Plaisance
et Guastalla ; en ce qui touche le prince Eugène, auquel un établissement convenable avait été promis en
Europe, et qui n'a rien obtenu. Puis Napoléon aborde
en ces termes les autres violations du traité :

« L'Empereur avait (art. 9 du traité) stipulé, en fa-
» veur des braves de l'armée, la conservation de leurs
» dotations sur le Monte-Napoleone : il avait réservé
» sur le domaine extraordinaire et sur *les fonds res-*
» *tant de la liste civile* des moyens de récompenser
» ses serviteurs, de payer les soldats qui s'attachaient
» à sa destinée ; tout a été enlevé, réservé par les mi-
» nistres des Bourbons. Un agent des militaires fran-
» çais (M. Bresson) est allé inutilement à Vienne ré-
» clamer pour eux la plus sacrée des propriétés , le
» prix de leur courage et de leur sang.

» La conservation des biens, meubles et immeubles
» de la famille de l'Empereur est stipulée par le même
» traité (art. 6), et elle a été dépouillée des uns et des
» autres ; savoir : à main armée en France par des

» brigands commissionnés ; en Italie, par la violence
» des chefs militaires ; dans les deux pays, par des sé-
» questres et des saisies solennellement ordonnés.

» L'Empereur devait recevoir 2 millions, et sa famille
» 2,500,000 fr. par an, selon la répartition établie à
» l'art. 6 du traité ; et le gouvernement français a
» constamment refusé d'acquitter cet engagement, et
» Napoléon se serait bientôt vu réduit à licencier sa
» garde fidèle, faute de moyens pour assurer sa paie,
» s'il n'eût trouvé, dans les reconnaissans souvenirs
» des banquiers et des négocians de Gênes et d'Ita-
» lie, l'honorable ressource d'un prêt de 12 millions
» qui lui fut offert.

» Enfin, ce n'était pas sans motif qu'on voulait, par
» tous les moyens, éloigner de Napoléon ces compa-
» gnons de sa gloire, modèles de dévouement et de
» constance, garans inébranlables de sa sûreté et de sa
» vie. L'île d'Elbe lui était assurée en toute propriété
» (art. 3 du traité), et la résolution de l'en dépouiller,
» désirée par les Bourbons, sollicitée par leurs agens,
» avait été prise au congrès.

» Et si la Providence n'y eût pourvu dans sa justice,
» l'Europe aurait vu attenter à la personne, à la liberté
» de Napoléon, relégué désormais à la merci de ses
» ennemis, loin de sa famille et séparé de ses servi-
» teurs, ou à Sainte-Lucie ou à Sainte-Hélène, qu'on
» lui assignait pour prison.

» Et quand les puissances alliées, cédant aux vœux
» imprudens, aux instances cruelles de la maison de
» Bourbon, ont condescendu à la violation du contrat
» solennel sur la foi duquel Napoléon avait dégagé la
» nation française de ses sermens, quand lui-même

» et tous les membres de sa famille se sont vus mena-
» cés, atteints dans leurs personnes, dans leurs pro-
» priétés, dans leurs affections, dans tous les droits
» stipulés en leur faveur comme princes, dans ceux
» mêmes assurés par les lois aux simples citoyens,
» que devait faire Napoléon?

» Devait-il, après avoir enduré tant d'offenses,
» supporté tant d'injustices, consentir à la violation
» complète des engagemens pris avec lui, et, se rési-
» gnant personnellement au sort qu'on lui préparait,
» abandonner encore son épouse, son fils, sa famille,
» ses serviteurs fidèles, à leur affreuse destinée?

» Une telle résolution semble au-dessus des forces
» humaines; et pourtant Napoléon aurait pu la pren-
» dre, si la paix, le bonheur de la France, eussent été
» le prix de ce nouveau sacrifice. »

Et Napoléon énumère toutes les mesures anti-natio-
nales que les Bourbons ont prises, et qui, en indignant
la France entière, ont provoqué son miraculeux retour, comme celui d'un sauveur.

Dira-t-on encore, après ce qui précède, que c'est
Napoléon qui a violé le traité de Fontainebleau?

La conséquence à tirer de la preuve du contraire est
que le traité, violé par d'autres que par lui, a con-
servé à son égard et conserve encore, à l'égard de sa
famille, sa force pleine et entière.

Or, exécutoire vis-à-vis de Napoléon jusqu'à sa
mort (de 1814 à 1821), il a produit à son profit 14 millions.

Exécutoire vis-à-vis de la famille impériale, le traité
de Fontainebleau aurait produit à son profit, à raison

de 2 millions 500,000 fr. par an, une somme tellement considérable que je n'ose en faire le calcul ; aussi bien la chose serait oiseuse pour l'objet de cet écrit.

Comme on l'a vu, l'exil de Sainte-Hélène ne fut pas improvisé après la bataille de Waterloo : c'est pendant l'exil de l'île d'Elbe qu'à la sollicitation des Bourbons, le congrès de Vienne avait décidé l'enlèvement de Napoléon. Celui-ci en reçut l'avis officiel par le prince Eugène : devait-il attendre pacifiquement qu'on vînt consommer l'ignominieux sacrifice ?

Napoléon eut donc raison de quitter une île où l'on projetait de le rendre victime d'un lâche guet-apens ; il eut raison de revenir en France, où toutes les sympathies le rappelaient ; il eut raison de se défendre à Waterloo contre les souverains qui avaient osé décider un attentat contre sa personne et laissé violer par Louis XVIII le traité de Fontainebleau dans toutes ses dispositions.

Il n'y avait pas de tribunal possible auquel Napoléon put s'adresser pour se plaindre ; il fallut faire un appel au peuple. Le peuple français fut pour lui : les événemens de 1815 furent donc l'ouvrage de la France : Napoléon n'aurait pu, à lui seul, reprendre le sceptre tombé, pour la seconde fois, de la main débile des Bourbons.

On a vu à l'art. 6 du traité de Fontainebleau que l'allocation annuelle au profit du roi Louis, père du président de la République, était de 200,000 fr. par an, et celle au profit de la reine Hortense et de ses enfans de 400,000 fr. par an.

Le roi Louis est décédé en 1846 : ci donc pour trente-deux ans à raison de 200,000 fr. par an.   6,400,000 fr.

Seul héritier de la reine Hortense, le président de la République a droit aux 400,000 fr. annuels dus jusqu'au décès de sa mère, arrivé en 1837, en continuant à avoir le même droit, comme seul enfant survivant, d'après l'art. 6 : ci donc pour trente-six ans. 14,400,000

Total. . . . . 20,800,000 fr.

Que ceux de **MM**. les représentans qui ont cru faire une chose digne en disant : « Payons les dettes du président de la République, » lui fassent payer les 20,800,000 fr. qui lui sont dus personnellement, en vertu du traité solennellement conclu à Fontainebleau, entre l'Empereur et toutes les puissances de l'Europe, et le président de la République fera grâce au Trésor des trois millions demandés pour frais de représentation, et il continuera à représenter la France, à encourager les dignes, à secourir les malheureux avec ses propres ressources comme il l'a fait jusqu'ici.

Et que l'on ne vienne pas dire que le traité de Fontainebleau n'a jamais été reconnu ni par la France ni par l'Angleterre.

La France l'approuva par son gouvernement provisoire le jour même où il fut passé, et Louis XVIII le ratifia, à son tour, par son ministre des affaires étrangères, à la date du 31 mai 1814. (Voyez Vaulabelle, tome 1er, p. 367.)

Le gouvernement français a d'ailleurs toujours considéré ce traité comme officiel et obligatoire; en voici la preuve.

Le général Bonaparte avait souscrit à un emprunt du Trésor en achetant, une rente de 750 fr.

Mise aux portions non réclamées, après la chute de l'Empire, cette rente fut révélée à la mère de l'Empereur, qui en sollicita le remboursement, avec arrérages, en 1835, par l'organe du duc de Padoue, son mandataire.

M. d'Argout, alors ministre des finances, répondit qu'au premier abord il avait été d'avis d'accueillir la demande, mais qu'un examen approfondi lui avait fait reconnaître que la réclamation ne pouvait être admise en présence de l'art. 9 du traité de Fontainebleau, traité qui *n'avait jamais été rapporté*, et qui, quoique non publié au *Moniteur*, *n'en était pas moins* UN ACTE OFFICIEL, *dont plusieurs stipulations avaient été exécutées et rappelées dans des conventions ultérieures*.

Or, l'article 9, invoqué par le ministre, portait :

« Les propriétés que S. M. l'Empereur Napoléon pos-
» sède en France, soit comme domaine extraordinaire,
» soit comme domaine privé, resteront à la couronne.

» Sur les fonds placés par l'Empereur Napoléon,
» soit sur le Grand livre, soit sur la banque de France,
» soit sur les actions des canaux, soit de toute autre ma-
» nière, et dont S. M. fait l'abandon à la couronne, il
» sera réservé un capital qui n'excédera pas deux mil-
» lions, pour être employé en gratifications en faveur
» des personnes qui seront portées sur l'état que si-
» gnera l'Empereur Napoléon, et qui sera remis au
» gouvernement français. »

Eh bien ! on a scrupuleusement exécuté la première

partie de l'article, en faisant main-mise sur le domaine extraordinaire (700 millions) et le domaine privé (200 millions) : on s'est même emparé de la rente de 750 fr., fruit de la modeste épargne du général Bonaparte, et l'on a violé, scandaleusement violé la seconde partie de l'article en pillant les deux millions de gratifications destinés par l'Empereur à ses vieux compagnons de gloire.

Voilà, messieurs les légitimistes de 1850, comment les hommes de votre opinion et de votre parti se comportaient en 1814, 1815 et 1816. Pour l'honneur du drapeau sous lequel vous marchez, vous auriez dû empêcher l'évocation de pareils souvenirs.

Quant à l'Angleterre, outre l'approbation formelle donnée par lord Castelreagh au nom de cette puissance (1), voici ce que je lis dans le Dictionnaire des dates :

« La chambre des communes, à la majorité de 290
» voix contre 92, et celle des lords, à la majorité de 112
» voix contre 44, adoptent une adresse au prince régent,
» où elles soutiennent que l'empereur Napoléon a été
» délié de son traité (celui de Fontainebleau) par les
» violations qu'en ont faites d'abord Louis XVIII, en
» ne payant pas les sommes convenues, et les alliés, en
» voulant éloigner l'empereur de l'île d'Elbe. » (27 mai 1815 (2).

Je passe à une autre dette du Trésor.

(1) Vaulabelle, Tome 1er, p. 370.
(2) Dictionnaire des Dates, Tome 1er, p. 1165, édit. de 1842.

§ II.

CONTINUATION DU MÊME SUJET.—DOUZE MILLIONS SIX CENT
QUARANTE-SIX MILLE CINQ CENT SOIXANTE DIX-HUIT
FRANCS DIX-HUIT CENTIMES LIQUIDÉS AU PROFIT DE
L'EMPEREUR ET DE SA FAMILLE, APRÈS LE RETOUR DE
L'ILE D'ELBE, DONT UN MILLION VINGT-TROIS MILLE
TROIS CENT TRENTE-TROIS FRANCS TRENTE-QUATRE CEN-
TIMES POUR LES PÈRE ET MÈRE DU PRÉSIDENT DE LA RÉ-
PUBLIQUE.

On a vu à la page 11, dans la réponse de l'empereur
au manifeste des plénipotentiaires, l'indignation dont il
flétrit le manque de foi de ceux qui, après avoir garanti
la conservation des biens meubles et immeubles de lui
et de sa famille, ordonnèrent qu'ils en fussent dépouil-
lés, savoir : à main armée en France, par des *brigands*
commissionnés (c'est l'empereur qui dit *brigands*) ; en
Italie, par la violence des chefs militaires; dans les deux
pays par des sequestres et des saisies solennellement
ordonnés.

M. de Meneval raconte en effet que le jour du départ pour l'île d'Elbe, M. Dudon, à qui des ordres
avaient été donnés, « se rendit à Orléans, où se trou-
» vait le trésor impérial... que là, malgré les protesta-
» tions du général Caffarelli et du duc de Cadore, qui
» niaient que l'arrêté dont M. Dudon était porteur fût
» applicable au trésor impérial, qui était bien la pro-
» priété de l'empereur et le produit des économies de
» sa liste civile dûment constatées, M. Dudon, aidé par
» l'officier de la gendarmerie d'élite préposé à la garde
» du trésor, fit enlever le soir les fourgons qui le conte-
» naient. Les fourgons étaient stationnés sur la place et
» renfermaient une dizaine de millions en pièces d'or

» et d'argent, trois millions d'argenterie et de vermeil,
» une valeur d'environ 400,000 fr. en tabatières, et en
» bagues enrichies de diamans, destinées à être don-
» nées en présens, les habillemens et ornemens impé-
» riaux, chargés de broderies d'or, et jusqu'aux mou-
» choirs de poche de l'empereur, marqués d'un N cou-
» ronné. » (1)

Au moment de son embarquement à Fréjus, l'empereur fit envoyer au baron de Meneval, son secrétaire,
une protestation en forme de note contre ce scandaleux
pillage, note adressée à l'empereur d'Autriche, et dans
laquelle se trouvait ce passage : « Il est évident que le
» gouvernement français, faisant tant de mauvaise
» grâce, contre toute idée de justice, il n'y a rien à es-
» pérer de lui pour les deux millions placés sur le
» grand-livre et destinés à l'entretien de l'île d'Elbe
» si une intervention étrangère ne s'en mêle pas. »

L'empereur avait deviné juste. Ce qui a suivi est con-
nu : le retour de l'île d'Elbe fut le résultat de toutes les
indignités consommées et de celles qui allaient l'être par
l'enlèvement arrêté de sa personne, moins facile à sai-
sir toutefois que les fourgons d'Orléans.

De retour à Paris et à la date du 3 mai 1815, sans se
préoccuper de l'acte de brigandage ci-dessus, il rendit un
décret daté du palais de l'Elysée, portant (art. 1er) que les
sommes dues aux princes et princesses de la famille impériale sur leurs apanages, pour arrérages échus, leur
seraient payés conformément aux règles établies anté-
rieurement au 1er avril 1814, et que ceux (art. 2) échus

(1) Souvenirs Historiques de M. le baron de Meneval, t. 2,
p. 184 et suivantes.

du 1er avril 1814 au 20 mars 1815, seraient réglés conformément au traité de Fontainebleau du 11 avril 1814. Ainsi, victime des violations les plus audacieuses de ce traité, l'empereur le respecte au retour comme il l'avait exécuté avant et depuis le départ.

L'article 3 du décret fixe et règle les droits des diverses parties prenantes, qui s'élèvent pour l'empereur à 8,680,622 fr. 25 cent., et pour les divers princes et princesses à 3,965,955 fr. 93 c.; ensemble 12,646,578 fr. 18 c.

Dans le second de ces chiffres, se trouvent les allocations suivantes :

Au roi Louis.................... 194,444 fr. 45 c.
A la reine Hortense et à ses enfans. 828,888 89

Ci.... 1,023,333 fr. 34 c.

La somme de *douze millions six cent mille francs*, Napoléon pouvait se la faire payer en numéraire : elle était sa propriété légitime. Mais la campagne de Waterloo se préparait; Napoléon faisait passer les besoins de la patrie avant ses propres besoins : il décida qu'au lieu de s'acquitter en numéraire, le trésor s'acquitterait envers lui et envers les siens en *délégations* et *déclarations* sur les bois de l'État, valeurs au porteur créées par une loi de 1814.

En opérant ainsi, Napoléon suivit le conseil de son frère Joseph. Le paiement fut donc opéré dans ces valeurs. Mais Napoléon ne s'arrêta pas là : il convoqua sa famille et demanda le sacrifice, en faveur de la France, des joyaux dont chacun de ses membres était pourvu. L'appel fut entendu : la vente eut lieu, et le trésor public s'enrichit de son produit. Napoléon voulut, à l'instant même, indemniser ses frères, et il leur distribua tout ce qui lui revenait en propre dans les valeurs du trésor dont nous venons de parler (1).

Après le désastre de Waterloo, Louis XVIII n'eut rien de plus à cœur que d'annuler par une ordonnance le paiement fait à l'Empereur.

C'était là de la confiscation ; mais la politique du moment permettait tout. Ce que Louis XVIII voulait, c'est que les 12 millions dus aux Bonaparte ne leur fussent pas payés, car avec 12 millions ils auraient pu faire bien des choses ; or, le nouveau monarque avait intérêt à ce que ses ennemis fussent dans l'impuissance de lui nuire. Toujours est-il que le trésor de France est resté nanti et l'est encore des *douze millions six cent mille francs.*

Le conseil d'Etat, auquel la réclamation de cette affaire a été soumise, l'a renvoyée au pouvoir politique.

C'est pour faire face à cette réclamation et à d'autres que le ministère Casimir Périer avait décidé, en 1831, de demander aux Chambres un crédit de 12 à 15 millions. Il s'agissait alors de transiger. Qui dit transaction dit sacrifice. Les circonstances politiques ont changé ; les sacrifices rêvés par la monarchie de Juillet devraient-ils être les mêmes aujourd'hui ?

Et, cependant, dix-huit mois de pouvoir n'ont pas fait songer un seul instant le Président à ses droits personnels et à ceux de sa famille. Tant d'abnégation, tant de désintéressement méritaient un meilleur accueil que celui qui a été fait au projet de loi relatif aux frais de représentation.

Je passe à une troisième dette du Trésor.

(1) Lucien Bonaparte reçut deux millions de ces valeurs en échange des objets d'art et bijoux qu'il apporta à la masse.

§ III.

CAPITAL ET ARRÉRAGES DE TROIS INSCRIPTIONS DE RENTE D'ENSEMBLE 670,000 FRANCS, DONT LE TIERS EST LA PROPRIÉTÉ DU PRÉSIDENT DE LA RÉPUBLIQUE.

La princesse Pauline Borghèse était propriétaire de trois inscriptions de rente sur le grand-livre, s'élevant ensemble à 670,000 francs. Le traité de Fontainebleau (art. 6) lui en garantissait la propriété. Ces rentes avaient été acquises avec le produit de la vente du duché de Guastalla, que Napoléon avait donné à sa sœur en 1806. Elles se trouvaient dès lors acquises et possédées en France à titre onéreux.

Après la bataille de Waterloo, et au mépris du traité de Fontainebleau, les trois inscriptions de rente furent confisquées, et leur produit a été distribué, suivant un état dressé sous les yeux de Louis XVIII, aux Chouans et aux Vendéens.

Ce n'est pas tout. La loi du 12 janvier 1816, en vertu de laquelle la confiscation eut lieu, ne disposait que pour l'avenir et respectait le passé : comme toutes les lois, elle n'avait point d'effet *rétroactif;* eh bien ! au jour où cette loi fut promulguée, il était dû à la princesse Borghèse des arrérages de ses trois inscriptions, s'élevant ensemble à 1,518,000 fr. Le comité des finances, consulté trois fois, conclut par trois fois au paiement de cette somme : Louis XVIII et ses ministres s'y opposèrent ; et, depuis 1816, le *million et demi* de la princesse Borghèse est resté au trésor, où il a été employé, sans doute, aux besoins de l'Etat ; mais cette somme n'en est pas moins sacrée ; elle est la propriété incommutable des héritiers de la sœur de Napoléon.

Or, les héritiers sont au nombre de trois, et l'un d'eux est le président de la République, par représentation du roi Louis, son père (1).

L'affaire a occupé les tribunaux ordinaires et le conseil d'Etat. Ce dernier en a renvoyé la solution au gouvernement, qui devra tôt ou tard s'en occuper.

Or, trois questions se présentent :

Les rentes avaient-elles été acquises à titre onéreux? Si la solution est affirmative, on en doit le capital, et il est facile de calculer celui que représente un revenu de 670,000 fr.

Les arrérages échus et non perçus au 12 janvier 1816 (1,518,000 fr.), forment eux-mêmes un capital dont le tiers, pour le président, serait de *cinq cent six mille francs*.

Mais ces arrérages n'ont-ils pas eux-mêmes produit des intérêts depuis 1816?

J'indique les questions sans les résoudre. D'éminens jurisconsultes, tels que MM. Odilon Barrot, Crémieux, Delangle, Parquin et Philippe Dupin, ont donné là-dessus des consultations lumineuses qui se trouvent au dossier.

Toujours est-il que quelques millions sont légitimement dus pour cette affaire, et cependant le président de la République, ne voulant pas qu'on pût lui reprocher de profiter de sa position pour demander de l'argent (les Bourbons n'auraient pas eu tant de scrupules), s'opposa, quand par deux fois je lui en fis la demande, à ce que j'en conférasse avec ses ministres.

(1) Les deux autres héritiers sont le Roi Jérôme d'une part et les descendans de Caroline, veuve du roi Murat, de l'autre.

§ IV.

CONCLUSION.

J'aurais pu citer d'autres réclamations non moins patentes, non moins claires et non moins légitimes.

Je m'en abstiens.

C'est une triste chose, il faut en convenir, que tout ce qui s'est déjà dit et écrit sur le sujet dont j'ai cru devoir m'occuper quelques instans à mon tour, sans compter ce qui se dira, ce qui s'écrira encore.

Il est, en France, certains hommes et certains partis qui, comme disait l'Empereur, *n'ont jamais rien appris ni rien oublié.*

Or, il faut rappeler à ces intelligences engourdies, à ces cœurs calcinés, certains faits, certaines circonstances, certains événemens qui ne datent que d'hier, et qu'ils affectent d'avoir oubliés, comme s'ils remontaient aux premiers âges du monde.

Quand le général Bonaparte partit pour se mettre à la tête de l'armée d'Italie, le dénûment du Trésor et la rareté du numéraire étaient tels, que tous ses efforts et ceux du Directoire ne purent composer que *deux mille louis,* qu'il emporta dans sa voiture (1).

Il arrive en Italie, les ennemis sont battus, les villes se soumettent : il traite, il stipule : l'intérêt seul de la France le préoccupe, son intérêt personnel, il le foule aux pieds ; et tandis qu'il refuse 4 millions en or que lui fait offrir le duc de Modène, et 7 millions que lui envoie le gouvernement de Venise, il s'empare de tous les chefs-d'œuvre qu'il trouve sur la terre des arts pour

<hr>

(1) Las Cases, *Mémorial de Sainte-Hélène,* tome I{{er}}, page 73.

les envoyer en trophée au musée de Paris. Il ne se borne pas à ces conquêtes, et le trésor de France, qu'il avait laissé vide, se remplit bientôt des richesses de l'étranger. « J'ai envoyé en France, a dit Napoléon,
» 50 millions au moins pour le service de l'État. C'est
» la première fois, dans l'histoire moderne, qu'une
» armée fournit aux besoins de la patrie, au lieu de
» lui être à charge (1). »

Ouvrez le *Mémorial de Sainte-Hélène*; Napoléon a dit avoir eu jusqu'à 400 millions d'espèces dans les caves des Tuileries : son domaine de l'extraordinaire s'élevait à plus de 700 millions. Il a distribué plus de 500 millions à l'armée (2). Personnellement il n'eut jamais de propriétés particulières, et l'on sait que, manquant de tout à Sainte-Hélène, il fut obligé de briser et faire vendre son argenterie pour vivre.

Il avait laissé, en partant, 4 millions à la maison Laffitte. Il croyait que cette somme était productive d'intérêts ; on la considéra comme un simple dépôt, et les légataires n'ont pu se distribuer que 55 p. 100.

Voilà à quelles extrémités fut réduit le maître du monde par la haine et l'inimitié de la monarchie dite de *droit divin*, dont les partisans contestent aujourd'hui à son neveu ce qui lui est indispensable pour figurer avec quelque dignité à la tête du pouvoir que le peuple déposa entre ses mains le 10 décembre 1848.

Ah ! reconnaissons-le, nous que l'on appelle bonapartistes, la faute capitale commise par le président a été d'oublier le mot de son oncle, qui, lui aussi, avait

(1) *Mémorial*, tome *II*, p. 78, 79 et 89.
(2) *Id.* tome *I*, p. 82.

rêvé des fusions impossibles : « Les blancs seront tou-
» jours blancs et les bleus toujours bleus. »

Depuis son avénement, une conspiration flagrante
existe contre lui : on veut le dépopulariser et le perdre.
Les anciens partis ne s'en sont jamais cachés. Ils di-
saient, avant l'élection présidentielle, que Louis-Napoléon, adopté momentanément par eux, serait la planche
par où passeraient, Henri V d'abord, le comte de Paris ensuite. Que disent-ils, aujourd'hui? que son rôle
devrait être celui de Monk, que l'on glorifie. On lui
paiera ses dettes, on lui fera un magnifique établissement, et l'on a l'impudence d'ajouter qu'il doit s'em-
presser de prendre un parti, car le moment arrivera
où on pourra lui dire : *C'est trop tard.*

On a dit cela à Charles X et a Louis-Philippe. On ne
le dira pas, osons l'espérer, à l'héritier de Napoléon,
qui se souviendra, lui, de la lettre que son oncle écri-
vait au comte de Provence, en réponse à celle-ci : « Vous
» auriez tort de tarder beaucoup *à me rendre mon*
» *trône.* Il serait à craindre que vous laissassiez écou-
» ler des momens bien favorables : vous ne pouvez
» faire le bonheur de la France sans moi, et moi je ne
» puis rien pour la France sans vous. Hâtez-vous donc
» et désignez vous-même toutes les places qui vous
» plairont pour vos amis. »

A quoi le premier consul répondit :

« J'ai reçu la lettre de Votre Altesse. J'ai toujours
» pris un vif intérêt à ses malheurs et à ceux de sa fa-
» mille. *Elle ne doit pas songer à se présenter en*
» *France : elle n'y parviendrait que sur cent mille*
» *cadavres.* Du reste, je m'empresserai toujours de

» faire tout ce qui pourrait adoucir ses destinées et lui
» faire oublier ses malheurs. »

Rendez-moi mon trône, disait le comte de Provence.

Ce trône lui fut rendu, quatorze ans après, par une armée de Cosaques, d'Autrichiens, de Prussiens et d'Anglais, et fut plus tard brisé par le peuple de Paris, aux acclamations de la France.

Ce ne sont pas les Cosaques, les Autrichiens les Prussiens et les Anglais qui ont placé le neveu de Napoléon à la tête de la nation française : c'est une grande armée de six millions de Français, recrutée dans les villes et les campagnes, dans les ateliers, dans les casernes, dans les boutiques, dans les prétoires, dans les hôtels, dans les palais et dans les chaumières.

Si, à ce moment, les bulletins de vote eussent porté, à côté du nom du candidat, la question de la durée du pouvoir, ce n'est pas pour quatre ans seulement que les masses auraient voté, mais bien pour dix ans, ou même pour une présidence à vie, tant était grand l'enthousiasme qu'excitait le glorieux nom de Napoléon.

Et, aujourd'hui encore, malgré les fautes dans lesquelles les vieux partis ont entraîné l'élu du 10 décembre, sa popularité, dont le germe est toujours vivace, peut redevenir ce qu'elle était, pour le grand bien de la France et du chef de l'Etat lui-même.

J'en ai pour garant les nobles paroles adressées aux ouvriers de St-Quentin :

« Je suis heureux de me trouver parmi vous, et je recherche
» avec plaisir ces occasions qui me mettent en contact avec ce grand
» et généreux peuple qui m'a élu ; car, voyez-vous, mes amis les
» plus sincères et les plus dévoués *ne sont pas* dans les palais, ils
» sont sous le chaume ; *ils ne sont pas* sous les lambris dorés, ils

« sont dans les ateliers, sur les places publiques, dans les campa-
» gnes. »

Avec de pareils sentimens, avec des actes qui en soient
la vivante expression, Louis–Napoléon est assuré d'obtenir l'amour de la France, et tout ce qui est nécessaire
pour la gouverner noblement et dignement, sans se
voir marchander misérablement des allocations qui,
quelles qu'elles soient, ne seront jamais à l'unisson de
sa libérale et bienfaisante nature.

Mais à quelque chose malheur est bon.

Or, de cette question de dotation, qu'elle soit rejetée,
réduite ou seulement contestée, peuvent sortir :

1° Un remaniement général de toutes les adminis-
trations publiques que la réaction a peuplées de Légitimistes et d'Orléanistes , à l'exclusion des Bonapartistes et des Républicains.

2° Une modification de la dernière loi électorale
qui, digne d'être maintenue dans un grand nombre
d'exclusions, celles notamment des repris de justice,
ne saurait l'être, sans ingratitude et anomalie , dans
beaucoup d'autres de ses dispositions.

Ce qui doit en sortir surtout, c'est la présentation
nette et sans ambages d'un projet de loi tendant à obtenir de l'Assemblée un crédit législatif pour l'acquit
des dettes du trésor envers le président de la République et sa famille.

Transaction, composition, sont des mots qui n'ef-
raient pas ceux qui ont pratiqué jusqu'ici l'*abnégation* la plus absolue.

Mais il y aurait duperie à rester plus longtemps dans
le vague, à s'endetter plus longtemps (puisqu'on a par-
lé de dettes), alors que l'on est en droit de faire valoir

de légitimes créances et d'en exiger le paiement. Or, qu'on n'en doute pas, ce grand et généreux peuple qui plaça sur le pavois l'homme de ses sympathies a entendu, en lui donnant la puissance, lui rendre tout ce qui lui appartenait légitimement.

Le président de la République ne sera d'ailleurs qu'un simple dépositaire de sa propre fortune et le dépôt profitera à la nation par cent canaux différens.

J'ai cru, en rédigeant à la hâte cet écrit, remplir un devoir de conscience imposé à la fois à l'avocat et à l'ami. Que je sois approuvé ou blâmé, peu m'importe. J'ai depuis longtemps adopté la maxime de François Ier : FAIS CE QUE DOIS, ADVIENNE QUE POURRA.

Paris, imprimerie de E. BRIÈRE, rue Sainte-Anne, 55.